JN408796

2010년 생일날

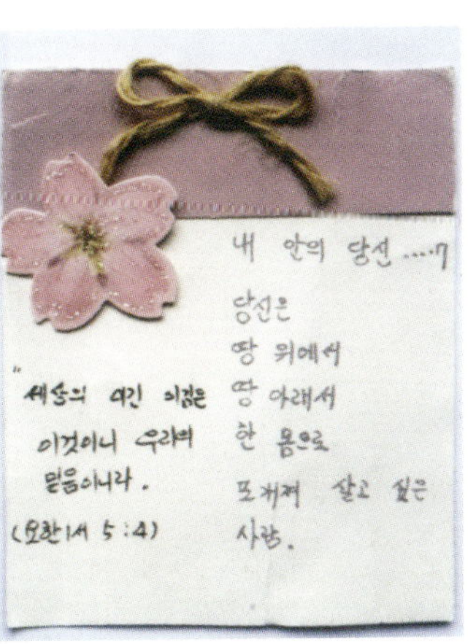
내 안의 당신……
당신은
땅 위에서
땅 아래서
한 몸으로
포개져 살고 싶은
사람.
"세상을 이긴 이김은
이것이니 우리의
믿음이니라.
(요한1서 5:4)

2007년 제주도 해변에서

마음을 꿰뚫어 본들
너 밖에 없는데
오로지 하나인 사랑, 너
몸인 너 마음인 나
그래서 우린 하나
당신만의 내가
나만의 당신에게
2004. 11. 19.

2014년 2월, 유럽 여행을 다녀와서 3월 자궁경부암 수술을 한다.

날 구원하신 주 감사

날 구원 하신 주 감사 모든 것 주신 감사

지난 추억 인해 감사 주 내 곁에 계시네.

향기로운 봄철에 감사 외로운 가을 날 감사

사라진 눈물도 감사 나의 영혼 평안해

응답하신 기도 감사 거절하신 것 감사

헤쳐 나온 풍랑 감사. 모든 걸 채우시네

아픔과 기쁨도 감사 절망 중 위로 감사

측량 못할 은혜 감사 크신 사랑 감사해.

길가에 장미꽃 감사 장미꽃 가시도 감사

따뜻한 따스한 가정 희망 주신 것 감사

기쁨과 슬픔도 감사 하늘 평안을 감사.

내일의 희망을 감사 영원토록

감사해

해암출판사 제출시 휴대폰케이스 속에서 발견된 쪽지

당신을 어떡해 어떡해

당신을 어떡해 어떡해

서안나 유작시집

해암

고인을 기리면서
영전에 유작시집을 올립니다

시인 서안나는 1964년 2월 1일 창원 대방동에서 서상현의 2남 1녀 중 맏딸로 태어났다.

고인은 성주초등학교, 창원남중학교, 경남여자상업고등학교를 졸업하고 1988년 결혼하여 1남 1녀의 자식을 두고 생활하였다. 2005년에 남편의 병사(간암)로 슬픔을 맞게 되었다.

2002년부터 진해시 약사회 간사로 10여 년간 근무하면서 《문예한국》 2013년 가을호에 시 「목탄」 외 3편으로 우수 신인상을 수상하며 등단하게 된다.

그 후 한 남자를 사랑하게 되어 아름답고 행복한 시간들을 보낸다.

2014년 3월 정기검진에서 자궁경부암 1기 진단 결과로 2014년 3월 31일 수술을 받는다. 3차 검진 항암치료로 완치 진단을 받았다.

2017년 1월의 정기검사에서 뜻밖의 자궁경부암으로 인한 전이성폐암 진단을 받고 11일 암 제거 수술을 시행하고 의료진의 6차례 항암치료 권유로 5차 항암치료를 받는다.

폐암 치료에 좋은 공기, 좋은 물 그리고 맨발로 모래사장 위를 걷는 게 도움이 된다는 주위의 권유에 따라 2017년 3월, 통영시 사량도 해수욕장 근처 옥녀봉 아래에 집을 짓게 된다.

2017년 6월 13일, 고인은 집을 짓고 있는 공정과정을 보러 갔다가 공사현장에서 부부침실의 구조 변경을 말하고 난 후 그 자리에서 뇌출혈을 일으켜 수족이 마비가 된 가운데서 "당신을 어떡해! 어떡해!"라고 몇 번이고 되뇌였다.

창원 삼성병원에서 4시간에 걸친 수술을 하고 5개월 간의 재활치료를 받게 된다.

결과로 어느 정도의 보행이 가능하게 된 시점에 이른다.

2017년 11월 13일, 폐암의 악화로 간, 췌장까지 암이 전이가 되어 의술, 약으로 치료가 불가능하다는 사망선고를 받고 사량도 집에서 2개월 간의 투병생활을 하다 2018년 1월 29일 만 4년 간의 병상생활로 생을 마감하게 된다.

생전에 시집을 만들려고 수없이 말하였으나 고인은 진해

문학 계간진해에 수록되어 있는 게 전부라고 하면서 시집 발간을 극구 반대하였다.

임종이 가까워 오면서 다시 한번 애기를 하니 진해약사랑 카페 좋은 글에 있다고 해 유작시집을 만들게 되었다.

끝으로 만 4년간 고인의 치료를 위해 수고하시고 기도해 주신 창원 한마음병원 산부인과 신병섭 박사님, 5층 입원실의 간호사 선생님께 진심으로 감사의 말씀을 드립니다.

고인이 다녔던 창원 반석교회 박종희 목사님을 비롯한 성도님들의 기도 영원히 잊지 않겠습니다.

특히, 고인이 의지하고 좋아하고 아픔을 함께해 주신 이혁명 선생님께 고마움을 전합니다.

고인은 선생께 나의 노후를 부탁하기도 했습니다.

2018년 3월 5일

15년간의 동행인 씀

차 례

1부
짐작하지 마세요

2부

날고 싶은 꽃

3부

여름! 어느 월요일에

4부
가을 여행

5부
바람

6부
달빛 타는 그네

서안나 유작시집

당신을 어떡해 어떡해

1

짐작하지 마세요

목탄

가슴 시려
내는 소리 잠재우려
앞가슴을 풀고
타오르는 열정 한 풀 꺾어
고운 온기 목탄에 담아
옛이야기 들으며 수천 년 눈물 짓네

문풍지 날리는
암고양이 같은 바람
그 속을 헤집어도
검은 살점 살짝 태워
매운 연기로 질식히키고
앙칼지게 닳아진 몸
가루 되어 흩어진들 한이 될까.

처음처럼

언제나 함께할 거라는 약속
내 맘속에 살아도
당신이 오늘 한 번 더 해 준다면
제 몸 어쩔 줄 몰라 당신께 기대고

매일 마주하는 당신 얼굴
언제나 미소로 담겨
열아홉 순정 후들거리게
더 붉게 하고

언제나 품고 사는 당신의 사랑
마주하고 서면
아직도 떨리는 가슴.

짐작하지 마세요

내가
그대를 사랑함은

바람을 막아주는 큰 어깨
안경을 쓸어 올리는 하얀 손
산을 짊어지고 갈 것 같은 다리
조각 같은 입술 선
때문이 아닙니다

세월 속에서 그것들이 얼마나 오래오래 가겠습니까.

한 사람 1

눈물로 슬픔을 덜어 냄을
가슴 아파 하는 한 사람이 있습니다

한숨으로 외로움을 덜어 냄을
못 견디어 하는 한 사람이
내 곁에 있습니다

나보다 더 나를 사랑하는 그 사람
나보다 더 외롭고
더 슬픈 사람입니다

언제나 먼저인 나
그 사람 곁에 언제나 있어 줄 수 없어도

그러나

그는 언제나 웃고 있습니다
행복하다고
웃을 수 있다고

나의 아픔을 다 짊어지고
길 나서고 싶어 하는 그 사람
기쁨의 눈물이 되고 싶어 하는 그 사람
세상에서 제일 무서움을 알고 있는 그 사람

내 사랑입니다
당신은 나입니다

광고에서 봤습니다
내 새끼가 새끼 낳느라 수고했다는 말
참 맘에 와 닿는 말입니다.

한 사람 2

아픔을 덜고 싶을 때
찾아가고 싶은 사람

10년 전에도 입은 듯한 셔츠와
팔짱을 낀 모습이 너무 멋스러운

하늘색 미소가 입가에 늘 머물고
크림색 같은 목소리 달콤하게 퍼지는

철없어
절대로 철들지 못할 것 같아서
대신 아파 주고 싶다는

한 잔의 차茶처럼 여유가 되고
찻잔의 온기가 퍼지듯
온몸을 데워주는

따뜻한 찻물 같은 사람

1+1=1

난 없습니다

당신과 함께하는 당신만 있을 뿐입니다

우리는 둘이 될 수 없습니다

그래서
당신은 언제나 뜨겁습니다.

고백

신선한 공기보다
당신의 땀 냄새가 좋습니다

달콤한 사탕보다
진실한 고백 같은 당신의 목소리가 더 달콤합니다

바람이 쉬었다 가는 벌판보다
섬세하며 고독할 수 있는 당신 가슴이 더 좋습니다

용광로의 뜨거움보다
언제나 변하지 않은
항상성의 온도 36.5도의 체온이 사랑의 온도임을 알았습니다

보석을 캐내는 광산보다
봉인된 추억이 담긴 우리의 나날들이 나의 보석입니다

세상에서 내 것이라고 욕심내고 싶은 것이 하나 있습니다
당신
바로 당신입니다.

믿음

인연을
너무 늦게 만난 것일까
운명이라서
이렇게 늦게 만난 것이겠지
하여
잠시라도 머뭇거림 없이
죽도록 사랑하는 것이
지름길이라네.

님 위해 나 잠 깨어

깨어 있는 여인이고 싶습니다
님께서 더디 오시더라도
등불 기름 가득 채워
님 기다리는
깨어 있는 여인이고 싶습니다
님 위해 나 잠 깨어

깨어 있는 여인이고 싶습니다
님께서 바라시던
그날 새벽 막달라 마리아처럼
깨어 있는 여인
님께로부터 칭찬을 들었던
깨어 있는 여인이고 싶습니다
님 위해 나 잠 깨어

깨어 있는 여인이고 싶습니다
님의 말씀을 나의 생각 주머니에
가득 채워 넣고
되뇌이며 되뇌이며
님이 걸어가신 그 길 걸어가는
깨어 있는 여인이고 싶습니다
님 위해 나 잠 깨어.

기도하는 여인

한 여자가 갇혀 있다
절실한 소망 하나 두 손으로 기도를 올리는

한 여자가 갇혀 있다
세상천지 모든 사람들 눈을 필요치 않는
한 남자의 눈 속에 마음속에

한 여자가 울고 있다
사랑으로 하여
사랑 때문에
사랑을 위하여
사랑하기에
행복하기에

한 여자에 갇혀 있다
한 남자가

한 남자는
한 여자의 손금처럼 각인되어
그래서
기도가 되었네.

서른아홉의 사랑

말씀하시지 않아도
저는 알 수가 있습니다
새벽안개 가르며
길 나서는 당신의 마음을

보이지 않아도
저는 알 수가 있습니다
이 황량한 도시 속에서
우리의 작은 소망을 위해 흘리는
당신의 땀방울을

곁에 없어도
저는 느낄 수가 있습니다
힘들고 지칠 때
잔잔한 음성으로 다가오는
당신의 위로를

잿빛 하늘 뒤로하고
늘어진 어깨로 돌아와 초인종 누르는
당신의 하루를

당신을 사랑합니다
그리고 당신이 말씀하시지 않는 것들을 더욱 사랑합니다
이제 저는 알고 있습니다
당신의 아픔을 위로하고 나눌 수 있는 사람이
바로 저라는 것을.

당신은

별로 크지 않는 키에
이목구비가 또렷한 당신

국어사전 같은 생각
곱게 든 단풍잎 같은 두 손

참
예쁘다는 말보다
막연히 좋은 사람입니다라는 말보다

그대는
닮고 싶은 사람입니다.

당신이 밉습니다

세상에 이런 말도 있다는 것이 참 고맙습니다
밉지만 사랑한다는 말이

세상에 이런 말을 이해 못하는 당신이 참 안타깝습니다
보고 싶지 않는 말과
안 보고 싶다는 말을

세상에 이런 사람도 있습니다
안 보고 싶다는 말을 해도
당신을 사랑하는

세상에 이런 사람도 있습니다
사랑해
반대말이 안 보고 싶다는 말이라고

세상에 이런 사람이 한 사람 있습니다.

일기

말을 할 수도 있었는데
아까 그때
손잡고
강둑을 거닐었을 때
한참을
침묵하던 그때

말을 할 수도 있었는데
아까 그때

집 앞 대문까지
나를 바래다 주며
돌아서려던 그대가
멈칫
나를 보며
어색해 하던 그때

말을 할 수도 있었는데
아까 그때에
잘자 하며
수화기를 놓으려던
그대가
할 말 없어?
하고 물어 올 그때에
말할 수 있었는데….

눈물

나를 위해서
당신이 닦아줍니다

당신이기에
행복에 겨워 달콤해지는

살아 있음의 증거

마지막 한숨보다
더
마지막이 되고픈 한 방울.

내 사랑은

내 사랑은 뜨겁지 않습니다
하여
식지도 않습니다

내 사랑은 포장이 없습니다
하여
유통기간이 없습니다

내 사랑은 명품이 아닙니다
하여
살 수가 없습니다

내 사랑은 가난합니다
하여
단 하나입니다

내 사랑은 유별합니다
하여
당신만 원합니다.

3초의 여유 속에 담긴 사랑

엘리베이터를 탔을 때 닫기를 누르기 전
3초만 기다리세요
정말 누군가 급하게 오고 있을지도 모르니까요

출발 신호가 떨어졌을 때 앞차가 서 있어도
경적을 울리지 말고
3초만 기다려 주세요
그 사람은 인생의 중요한 기로에서
갈등하고 있었는지 모릅니다

내 차 앞으로 끼어드는 차가 있으면
3초만 서서 기다려요
그 사람 아내가 정말 아플지도 모르니까요

친구와 헤어질 때 그의 뒷모습을
3초만 보고 있어 주세요
혹시 그 애가 가다가 뒤돌아봤을 때 웃어 줄 수 있도록

길을 가다가 아니면 뉴스에서 불행을 맞은 사람을 보면
잠시 눈을 감고 3초만 그들을 위해 기도하세요
언젠가는 그들이 나를 위해 기꺼이 그리할 것이니까요

정말 화가 나서 참을 수 없는 때라도
3초만 고개를 들어 하늘을 보세요
내가 화낼 일이 보잘것없지는 않은가

차창으로 고개를 내밀다 한 아이와 눈이 마주쳤을 때
3초만 그 아이에게 손을 흔들어 주세요
그 아이가 크면 분명 내 아이에게도 그리할 것이니까요

죄 짓고 감옥 가는 사람을 볼 때 욕하기 전
3초만 생각해 보세요
내가 그 사람의 환경이었다면 어떻게 되었을까.

오늘은 부부데이

둘이 만나 하나 된다는 날 21일

세상에서 제일 맛있는 것은 당신의 사랑이며
세상에서 제일 넓은 것은 당신의 마음이며
세상에서 제일인 것은 바로 사랑하는 당신입니다.

술과 사탕

그대의 입 속은 마술입니다
쓴 소주를 마셔도
사탕처럼 언제나 달콤합니다

그대의 입 속은 꽃밭입니다
김치를 먹어도
장미향이 가득한 나만의 정원입니다

그대의 입 속은 여행입니다
두려움, 설레임으로
다가가고 싶고 또 정든 곳 같습니다

그대의 입 속은 약수터입니다
사랑에 목말라 있는 저에게
간된 물로 촉촉이 적셔 줍니다

나의 입 속은 보물창고입니다
그리고 세상에서 제일 좋은
그대의 술잔입니다.

나는 한 여자를 알고 있습니다

나는 한 여자를 알고 있습니다
그 여자는 청소도 못하고 설거지도 못합니다
그리고 요리는 더욱더 못합니다
그러나 그 여자를 미워할 수 없습니다
왜냐면
그 여자는 술을 참 맛있게 먹을 줄 아는 여자이거든요
그 여자가 술을 마시는 것을 보면
세상에서 제일 맛있는 것을 먹는다는 생각이 들거든요
그리고 음미하는 그 표정이 일품이랍니다
마주하고 마시면 술에 취하기도 전에
그 여자가 술 마시는 자태에 먼저 취해버린 답니다
아니 취할 수가 없답니다
그 여자는 첫잔을 안주 없이 마신답니다
입안 가득 번지는 향과 혀를 마비시키는
그 속도를 즐기며 첫잔을
그렇게 멋들어지게 마신답니다
그 여자와 술을 두 잔만 같이 마시면 행복해집니다
술에 취해 세상 일을 잊어 행복한 것이 아니고
술을 따르는 그 정성에 행복해져 버린 답니다

술잔에서 눈을 떼지 않고 나를 향한 마음 또한 떼지 않고
도도히 앉아 첫잔과 둘째 잔
모두 다른 의미가 들도록 술을 따른답니다
그 여자와 셋째 잔을 기울고 나면 편안해집니다
내 이야기를 눈과 귀와 온몸으로 들어 주는 그 여자의
표정이 세상에서 내가 최고구나라는 생각이 들게끔 해
주기 때문입니다
그리고
그 여자와 네 번째 잔은 마셔 보지 못하였습니다
기다려집니다
그 여자의 네 번째의 진미를…….

사랑하는 서방님이 옥수수꽃 마누라에게

사랑이란

너에게만
생
애
단
한
번
할
수
있
는
것.

2

날고 싶은 꽃

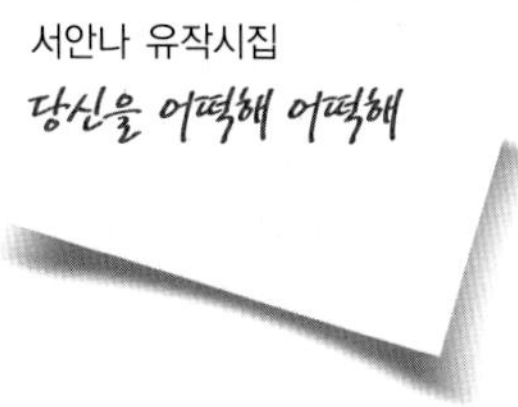

봄 산을 오르다

윤閏 이월 초하루
산을 오르다
미소 하나 주었네

필시
지난겨울 누군가 묻어 두고 간
아픈 흔적일거야

진한 바람에 흩어지지 못하고
윤 이월 초하루 아롱아롱한 햇살 드리우고
울음 없이 아파한 미소일거야

겨우내 숲 속을 헤매다
엉엉 울다 말라버린

내 슬픔 같은
그런 미소 하난 주었네.

목련

바람이 났습니다
은근히 강한 봄바람

앞가슴을 풀어헤쳤습니다
그리움으로 가슴이 터질 것 같아서

드디어 터졌습니다
하얀 속살 같은 꽃 입술이 봄을 애무합니다.

날고 싶은 꽃

봄 아지랑이에 눈이 부신 듯
바람을 잡아 물어본다
길 건너의 세상을

꽃들은 서로의 꽃잎이 부딪치면서
알고 있는 이야기를 나누는 듯하다
꽃들은 날고 싶어 한다

작은 바람이 와도
꽃잎은 날갯짓하듯 흔들며
비행을 꿈꾼다

그러나
비가 오는 어느 날
온몸에 비를 안고
꽃배인 양 길 건너 세상으로
가고 있었다.

봄이 오는 3월

햇살의 따스함이
경상도 사나이 억센 애교처럼 소곤거린다

노처녀 히스테리인 양
구시렁 구시렁거리는 꽃샘추위
긴장한 땅에도
각질 가득한 나무에도
생기를 돌게 하네

부지런한
투박한 할머니 손은
보드라운 봄나물을 더듬고

목석같은 논두렁 어깨를 펴니
얼었던 냇가는 미소를 흘리네

이럴 때
멋 내기 좋아하는
그녀에게 보고 싶다는
그립다는
말을 해도 좋은 것 같네.

고장난 저울

가을은
바람난 바람 스카프를 두르고
고장난 저울에 앉아 봄꽃을 피우네

잎 없이 피던
목련 벚꽃은
다홍치마 같은 붉은 잎과
한 몸에서 외로움 달래고

가을은
노처녀 같은 봄과 동침하여
꽃도 단풍도 아닌
덜 여문 가을을 출산한 씨받이 봄인 양

먼 발치서
그리웁다 그리웁다 모열하고
거둘 거 없어 돌아 줍는 가을은
옆에 앉은 겨울에게 슬며시 눈짓을 하네.

이런 봄날

벚꽃이 팝콘 터지듯 터지고
속살 같은 이야기 날개를 다는
햇살 따사로운 이런 봄날
냉이 향
달래 향 그윽한 된장국을 끓이고 싶습니다

아지랑이 기지개를 켜고
누구의 족적이 묻은 황사黃沙
황급히 떠날 준비하는
예사롭지 않은 이런 봄날
책갈피 깊은 속에
아지랑이 접어 끼우고 싶습니다

봄비 대신
봄 햇살에 옷깃을 적시고
볼우물 퍼지는 볼에 향긋한 미소를 담아
설레임 있는 이런 봄날
그대와 단둘이 봄나들이 나서고 싶습니다.

그래도 좋아

나 닮은 눈이 내리네
나처럼 메말라 버린 눈이 내리네
눈물도 없이
소리도 없이
한 숨같이 쌓여가네

경칩을 하루 앞둔 이 봄에
그렇게 눈이 내리네.

피지 않는 봄

4월초
벚꽃이 침묵한다

햇살도
바람도
알면서 굳이 외면한다

바다는
속 깊어
단단한 척

그러나

돌은
빛살에 녹는다.

당신에게 보내는 편지

여보

봄이 왔다고 하는데
올봄에는 나들이 한번 갑시다

봄비가 내리는 날도 괜찮고
봄바람이 심하게 불어도 괜찮습니다
스카프 한장으로 바람을 가리지요 뭐

김밥 몇 줄과 과일
비스킷과 커피를 준비해서 우리 꼭 한번 가요

햇살이 강하니 화장을 꼼꼼하게 해서
새도도 바르고 진한 립스틱도 바르고

꽉 낀 청바지를 입고
멋도 부리고
사진도 찍고 여유도 가져요

앞산도 좋고 뒷산도 좋아요
돗자리 깔고 흩어진 구름도 봅시다

만사 제쳐 놓고 이번 봄엔
나들이를 한번 꼭 갑시다.

4월에는

메마른 가슴을 안고
진해로 오십시요

회색 바람도
분홍빛 바람이 되는

절절한 슬픔도
벚꽃이 되는

4월에는
우리 스스로 향기 되는
꽃이 되는
진해로 오십시오.

갯벌

4월의 잔인한 노래가
갯지렁이 떠난 갯벌에서
주검처럼 굳어져 간다

반 허리 내놓고 석화 따는 아낙의 장단도 없고
대합 맛조개 키우던 싱싱한 자궁의
죽음을 알리는 부고장인 듯
두껍게 잔주름은 차갑게 펼쳐져 뒹굴고

갯물에 그을려야 될 구릿빛 얼굴
그 넉넉했던 세월은
막노동에 힘겨워
가슴에 찬 바다를 뱉어보지만
찬 기침에 부서져 내린다

파도는 쉴 곳 없어 저녁노을 속에 눈물을 적시고
도시 개발은 부과세율을 높여 노란 장부만 짙어가네.

봄이 일깨워 준 내 안의 게으름

아파트를 막 돌아서니 철길 너머에서 불어오는 바람이
향기로운 비누 거품 같이 부드럽다
거품 방울 속에 갇힌 향기가 내 볼에 부딪쳐 퍼지는 느
낌이
아~ 이제는 봄이구나

볼에 묻어 있는 바람을 손가락으로 살짝 찍어 향기를
맡으니
음~ 봄의 내음이 가득하다

벚꽃 나무는 겨울용 두꺼운 목도리를 벗어놓고 봄 햇
살에 눈부셔 눈을 비비듯
서 있고 어느 집 담장 너머 핀 매화 꽃잎은 얇은 볼살을
봄 햇살에 부끄러운 듯 아직은 만개하지 못하고 있다

겨울은 도대체 밀어내지 않으면 스스로는 나가지 않은
내 안의 게으름 같다

그 게으름은 여러 얼굴로 나를 퇴보의 그릇 속에 가둬

안주시켜 놓고 밖은 춥고 공해로 뒤덮여 있으니 이 그릇 속의 안일함이 최고라 세뇌시켜 놓고 있다

두꺼운 목도리로 두르고 서 있던 벚나무도 고운 꽃잎에 미안했는지 큰기침에 뒷짐을 지고 서 있듯 나의 게으름도 이제는 매화를 만났으니 달라지겠지요

콩씨네가 콩을 밖으로 내보낸 자식은 콩 나무가 되고 온실로 보낸 자식은 콩나물이 되듯 온실 속에서 주는 물 받아먹는 달콤함에 빠져 씨앗이 되는 길을 발견하지 못함은 콩의 실수인지 물을 주는 자의 욕심인지 명답은 없을 것 같지만
콩 나무가 되어 또 다른 콩이 열리게끔 뿌리를 내리고 열매가 되고 또 씨앗이 되어 봄이 주는 희망에 싹을 틔울 겁니다

봄은 바위를 밀쳐 내고 나오는 연약한 풀잎의 힘입니다
그리고 씨앗의 힘입니다
생명의 힘 앞에 바위의 몸은 흩어지는 구름 만큼 걸림

돌이 되지 못함을 알았습니다

내 안의 게으름은 봄 햇살에 비벼서 몰아내고 내가 주인이 되어 봄 여름 가을 겨울을 맞이하고 또 보내야되겠습니다.

오월에 띄우는 초대장

망설임으로 익어 가는 봄날
못다 한 고백 같은 오월의 햇살 아래로
당신을 초대하고 싶습니다

라일락 향으로
바이올린 현을 켜고
보드라운 모카 커피 향으로
융단을 깔겠습니다

추락하는 것도 없는
붉게 아파하는 것도 없는
미소가 조롱조롱 달린
5월의 내 뜨락에
당신을
초대하고 싶습니다.

연인들끼리
장미꽃을 주고받는 로즈 데이

매년 5월 14일은 로즈데이

장미는 계절의 여왕인 5월에 가장 아름답게 핀다

꽃의 여왕인 장미가 화려함의 극치를 달리는 시기이다

장미의 꽃말은 사랑

이집트의 여왕 클레오파트라는 애인 안토니우스를 위해 무려 13,000달러(미화)에
해당하는 장미를 궁전 바닥에 깔고 장미 향기 가득한 방에서 안토니우스와 뜨거운 사랑을 나누었다고 한다

붉은 장미와 함께 달콤하고 정열적인 사랑을 고백할 절호의 기회가 바로 로즈데이다.

하얀 제비꽃

사랑한다 고백한 죄로

다시는 고개를 들지 못하는

허리는 휘고

가슴은 조여들어 뾰족 가슴이 되고

흘릴 수 없는 눈물이

안으로 안으로 말라

네가 되었구나.

흰제비꽃 꽃말: 순진한 사랑

사랑과 사랑

당신은
늘 날 찾습니다
그리고 묻습니다
어디냐고
점심은 먹었냐고

난 당신을 찾지 않습니다
그리고
묻지도 않습니다
그대는 늘
내 마음속에 있기 때문입니다

…하여
저는 늘 행복합니다
장미꽃 들고서 사랑한다 사랑한다는 고백보다 더
나를 사랑하는 최고의 방법인 것을.

초록바람

초록바람이 빗방울 속에 숨어 흔들리고 있다.

오늘 점심은

응달에 놓여진 물기 없는 화분 마냥
나른함에 젖어 있는 저에게
당신은
김이 살살 나는 봄 햇살과
간이 잘 맞는 재잘거리는 봄바람과
당신의 입 속 같은 온도로 맞춘 물까지
저에게 보내 주셨군요
당신이 보내 주신 봄으로
오늘 점심
대신하려 합니다
기꺼이.

비가 내리는데

내리는 비를 앞세워 당신께 가고 싶습니다
몸살나도록 내리는
저 비가 나를 이끌고 왔노라고

향기 가득 채운
배부른 봄바람 앞세워 당신께 가고 싶습니다
눈물나도록 짙은 향기가 등을 밀고 왔노라고

핑계를 만들어 당신께 다가가고 싶습니다
내 마음 아시나요
나의 아픔은
나의 슬픔은
무엇으로 덜어내어 주실 건가요.

네 속에 든 그리움
– 녹차

하얀 너의 목선에
붉은 입술 도장 찍어
내 것이라 표를 한다

차가운 입술과 뜨거운 혀를 가진
너의 몸속에서
푸르게 익은 사랑
내 몸속으로 삼키며
입술을 살짝살짝 깨물기도 하면서
너와 깊은 사랑을 하지

굵은 듯한 허리
두 손으로 살포시 안으니
네가 토해내는 뜨거운 입김은
목젖까지 젖게 하는구나

마음속까지 뛰어든 너의 열정 안고
식어 가는 그리움을 찾아 더듬는다.

3

여름! 어느 월요일에

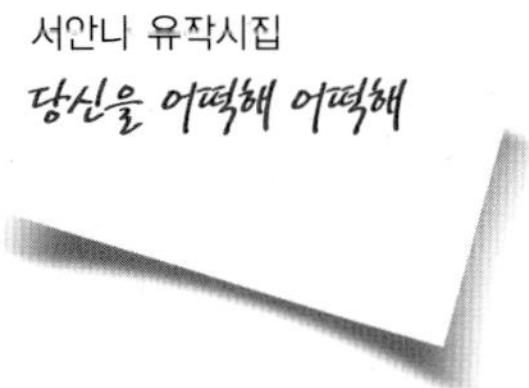

6월의 장미

애타는 맘 담아
붉게 피어낸 그리움

혼자 달래지 못하여
방울방울 흘리는 눈물 엮어

두 팔 벌려 그득히 받아
하나하나 펼쳐보니

애타서 그리운 것이 아니라
그리워 애타는 것.

여름! 어느 월요일에

월요일 아침이면
당신은
많은 사람들의 비타민도 되고
기침 멎는 노란 시럽도 되고
삶에 열을 내리는 분홍빛 사연도 되고
하얀 봉투에 간절한 치료제 되어
많은 사람 아픔을 덜어 주는
행복함이 되어 늘 바쁩니다

그런 당신을 위하여
일요일은 간절히 월요일을 만들어 냅니다

밤새도록 과음에 시달리던 천자봉과
붉은 불빛 받아먹은 안민고개의 피로의 누적이
월요일 아침 되니 藥자 문을 밀고 들어오네요.

많은 이를 위하여
당신의 사랑이 필요한 오늘입니다.

낮달

낮달처럼
살고 싶다
당신의 빛에 가려
내 빛이 없는 듯이 그렇게

낮달처럼
살고 싶다
밤에는 나 스스로
당신을 그리워하고
낮이면 야윈 얼굴 되어
시린 가슴 뜨겁게 달구어 그렇게

기다림
기다림 같은 것 그런 것 안 할래
빛을 잃을지언정.

늘

유채꽃이 한창이던
오월에
나비 되어 찾아온
그대는
또 이렇게
뜨거운 여름밤이면
반딧불이 되어
나를 비추는군요

하지만 저는
그런 당신을 향해
무엇을
해 드릴 수 있을까요

나뭇잎이 떨어지네요
벌써
찬바람이 부네요
그리고 당신은
또 저에게

가을 노래를 불러 주기 위해
귀뚜라미 되셨네요

눈이 내리면
이제 눈이 내리면
화로 속의 장작처럼
당신의 안식이 되리라 했건만
또 당신은
또 당신은
이 기나긴 겨울밤에
밤새 저를 지키는
부엉이가 되셨네요.

연꽃

그리워한 것도 욕심이요
미워한 것도 욕심이어서
욕심이 되어버린 사랑

음력 사월 초 팔일
진흙 속에서 눈부신 미소가 외롭다.

삼복더위

푹푹 삶아 널어 둔
딸아이의 손바닥만한
팬티 물기에 목을 축이는 저 햇볕
어지간히 목이 말랐나 보군

빨랫줄에서 줄타기하는 바람은
입술을 내밀고
먼저 왔다고 심술을 부리며
딸아이 팬티를 뒤척이면서 갈증을 해소하려 하네

햇볕은 이를 갈듯 이글거리고
바람은 축 쳐진 꼬리로
아침부터 베란다는 뜨거운 열기로 가득하다

딸아이 팬티는 잔뜩 겁에 질려 눈치를 보며 뒤척이네

음 그래
이 엄마 손으로 다독여
쭉쭉 펴서 장농 속에 넣어 줄게.

그래도 넌 너야

줄무늬 팬티를 감히 벗어버린 너
비뇨기과는 언제 다녀왔는지 씨 없이 씹히는 너
개성을 살리기 위해
성형외과를 당당히 들어가 둥근 형에서
네모로 변신해 버린 너
말없이 다가선 열정의 더위를 위해
깜짝 변신해 버린 노란 속살
입 속에서 살살 녹는 너
그래도 넌 수박이야

소금 사랑

마음과 마음에서 농익어
잉태한 결정체

네가 죽어
내 삶을 반으로 가르면
너의 핵이 나의 중심이 되는

절대로
썩지 않으며 녹아도 변하지 않는

태양도 절이고
달빛도 절이는
소금 꽃 같은 사랑을 해요.

파도가 사랑한 바다

파도가 부질없는 사랑을 했나 보다
미칠 듯이
절대로 사그라들지 않을 것처럼
휘몰아치더니
그것도 잠시
모래섬에 닿으니
힘없이 부서지고 마네
알맹이도 없는 거품 되어.

파도

침묵 될 수 없는 너
붙잡을 수 없는 너

울음을 가진 너
뜨거움을 가진 너

바다의 슬픔을 덜어 내는 너.

베란다에 머무는 더위

딸아이 손보다 더 작은
상추 잎 이마에
한 방울의 물마저
내민 입술로 뒤척이니
어지간히 목이 말랐나 보다

건조대에서 줄타기하는 바람은
무거운 엉덩이를 내밀고
먼저 왔다고
건조대에 앉아 심술을 부리네

햇볕은 이를 갈듯 이글거리면서 눈알을 부라리고
바람은 햇살을 흩트리기 위해 몸부림치고
아침부터 베란다는 뜨거운 열기로 가득하다

짧은 치마 상추는 잔뜩 겁에 질려
어깨를 움츠리며 바스락거린다

음 그래
이 엄마 손으로 다독여
짧은 치마 쭉쭉 펴서 넝쿨 밑 숨바꼭질 시켜 줄게.

바람과 햇살

그래
저기에 너 있구나
노랫소리에 나뭇가지가 왈츠를 추는 걸 보니

그래
거기에 너 있구나
나뭇잎이 그림자 거울을 보는 걸 보니

그래
여기에 왔구나
흔들림 없이 흐르는 강물 위에

그래
거기에 있지
내리는 빗방울 뒤에.

비가 오는 날이면

오늘은 바람 없이 비가 내립니다
이런 날이면
큰 우산을 쓰고 같이 다녔으면 좋겠다 라는
그대의 말이 생각납니다
그래서 내 마음이 따뜻해졌습니다

비가 오는
이런 날이면
탁자 하나 놓여진 작은 분식집에서 칼국수를 맛있게
먹었으면 좋겠다 라는 그대의 말이 생각납니다

이렇게 비가 오는

이런 날이면
아무것도 아닌 것에 의미를 넣어 괜스레
당신이 더 보고파집니다.

그림자 같은 사람이여

꿈에도 당신을 그리워하지 않습니다

비 오는 우산 속에 홀로 남겨져 있는 듯해도
나는 당신을 생각하지 않습니다

달빛에 취한 밤에는 괜시리 당신을 떠올리지 않고
거실의 액자가 비틀어져도
형광등 불빛이 검게 변해도 생각하지도 않습니다

철없는 아이들의 투정에도
얇아져 가는 지갑의 두께 앞에서도
당신의 얼굴을 지우기 위해
애쓴 기억조차 없습니다

당신은
오래된 미래처럼 늘 그곳에서
나는 미래 같은 현실 속에서
사랑도 그리움도 하지 않습니다

몽글몽글 눈물 속에 갇힌 당신을 손끝으로 만지면
그림자처럼 잡히지 않을까 하여
차마 당신을 그리워하지 않습니다.

날씨 이야기

농부들에겐 더위보다 냉해冷害가 천형天刑이다.
"냉해입은 해에는 이삭이 달리지 않아
벼를 붙잡고 운다"라고 했다
타는 듯한 무더위는 벼에는 하늘이 주는 비료
알곡이 열리며 풍년을 기원한다
벼들은 어깨를 맞댄 채 함께 있으며 썩지 않고 자란다
스스로 최소한 자기 존재를 지켜나갈 수 있는 거리와
여유를 확보하고 있기 때문
벼들은 살아있다.

봉숭아 꽃물의 연서

첫눈

으깨어
짓물러
눈물에 젖기도 하여
무명실로 칭칭 동여 메여
한여름부터 기다렸습니다

보름달 만큼 부풀어
반달이 될 만큼
마음 달였습니다

붉은 꽃물의 기도가 이루어지려나 봅니다.

불륜
– 흡연

뜨겁다는 것
영원하지 못함을 인정하는 겁니다

태우고 싶다는 것
토하는 뜨거운 불덩이 안고 싶다는 겁니다

한 잔 술에 맘을 빼앗기면
벌건 몸뚱어리
화냥기 있는 얼굴 스스로 타오르며
더 유혹합니다

그래서
더 뜨겁고
더 태우고 싶고
상습범 되어 불장난을 품고 뒹군다

내 것이 될 수 없다는 것에
한순간의 쾌락에
마음이 자꾸 기웃거려짐은

인정하는 양 만큼 아픔을 알고 있기 때문에….

설산살이

당신과 함께라면 홀홀 알몸 雪山에 살아도 좋습니다
그대가 곁에 있어 준다면 다래랑 머루랑 먹고
반딧불로 어둠을 즐기겠습니다

우리 떠나요
여기에서
내민 당신 손잡을 게요
당신이 날 불러 주는 달콤한 목소리가
나의 재산 1호입니다

아직은 덥습니다
그러나
책갈피 넘어가듯 여름이 넘어가고 있습니다
얼마 안 가 설산을 구경하겠지요
굳이 떠나지 않아도….

탁!

오늘 모기는 누굴 닮아 순진한가보다
윙윙 소리를 내면서 달려든다
탁! 하고 잡자니
순간 스친다
낮에 긴 벌레 때려잡는다고
핀잔을 줬는데

피 빨아먹고 사는 놈인데 싫어
눈을 떼지 못하고 윙윙거리는
소리 따라 눈길이 뒤따른다.

난 속이 좁고
모진 년입니다.
토실토실 한 내 살결을 보고
환장하고 달려드는 모기를
탁! 해 버렸습니다.

왜냐면
한 방울의 피도
울 서방님이 아끼는 것인데
감히 까불고 있어.

그래서 더 좋은 너

뜨거운 마음을 숨기고 말간 모습으로
차게만 다가오는 너
어디서나 숨길 수 없는 뜨거운 마음
어떤 모습에 담기더라도 뜨거움은 한결 같구나

한결같은 뜨거운 마음
언제나 내 붉은 입술로 들어와
나를 달구어 노구나

내 뜨거운 혀를 휘감아 도는 솜씨
누가 감히 너를 대신하리

첫 번째 쓴맛
나의 혀를 마비시키고
두 번째 단맛
나의 심장을 울리게 하고
세 번째 맛
너와 나만 즐기는 맛

그래서 더 좋은 소주라네.

하나

나 속에 너 있을 때
너 속에 나 있을 때
갓 건져 올린 생물 같은 사랑을
곰 삭혀서 썩지 않도록
몸을 반으로 갈라
빛과 소금으로
마음의 간을 맞추었으니
엮지 않아도
묶지 않아도
하나여라.

4

가을 여행

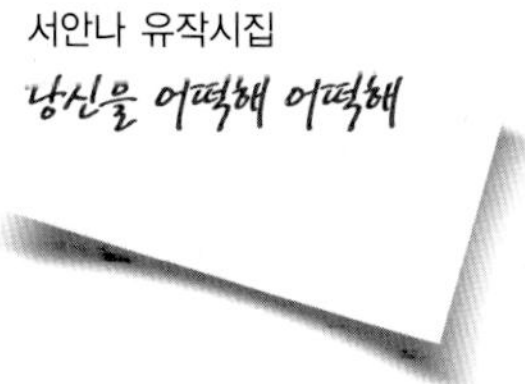

억새풀

애타는 맘 담아
눈꽃송이같이 피어낸 그리움

혼자 달래지 못하여
향기 없이 꽃으로 피어

온몸 그득히 피어도
억새풀이라 하네

꽃이 되어 그리운 것이 아니라
그리워 꽃이 되었다네.

가을 여행

그대와
황금이 묻은 들녘 바람을 타고
여행을 하고 싶습니다

가다가 가다가
시장기 돌면
황금이 묻은 바람 한줌 뚝 떼어
서로의 입 속에 넣어 주고

가다가 가다가
지친 다리와 무거운 어깨는
하늘거리는 코스모스 꽃잎에서
쉬게 하고

가다가 가다가
눈 내리는 겨울 만나면
들녘을 태웠던 햇살로
두꺼운 옷 기워 입고

가다 쉬다 쉬다 가다
그런 여행을
둘이서만 가고 싶습니다.

사랑 1

말로 전해지지 않을 때
그림으로도 그려지지 않을 때
글로써 시가 되지 않을 때

그러나

느껴지는 것
느껴지는 것보다 더 강한 것이 느껴질 때
난
사랑합니다 라고 한다

사랑 2

나는
당신의 색깔에 물들어 버렸습니다

나의 느낌에서
당신의 향기가 난다고 합니다

하지만 당신은
아직도 나에게
멀었다고만 말합니다

당신은
나의 비밀스런 자존심입니다.

사실과 진실 1

원래는 빗물이였을 거야

아득히 먼 허공에서
소리도 없이 머물다가

이 말 많은 세상 위해
흩날리다 굳어버린 것일 거야.

사실과 진실 2

원래는 내 살이였을 거야

뜨거움도 슬픔도 느끼면서
소리 없이 머물다가

새살이 돋지 않아
굳어버린 것일 거야.

슬픈 인연 1

속이 비치는 흐르는 물이
내 가슴을 채우고 있습니다
다 채우고 보니 너무 깊어
겉과 속이 없습니다

모양도 없이 다가오는 말이
내 가슴을 채우고 있습니다
다 채우고 보니
비수匕首 되어 있습니다.

슬픈 인연 2

꼭 다문 입술 속에서
살아 있는 슬픈 사연을
삼켜보셨나요

살아 있는 그 사연들은
물이 입을 닫으면 얼음이 되는 것처럼
한숨을 타고
안으로 안으로 굳어져
슬픈 인연이 되어
얼음 같은 모습으로
내 속에서 내가 되어 살고 있습니다

상감청자에 빙렬이 가듯
슬픈 사연은
잔금 가는 청아한 소리에
고통을 숨깁니다.

聞香문향

국화 향에 귀 기울어 듣는다
소란스럽지 않게 멀리 퍼지는 소리를

언제나
침묵할 줄 알기에
아름다운 너

넌 내 말 듣고 있지
그래서
내 맘 알지

한참을 들여다 보니
알았네
침묵은
향기의 언어라는 걸.

쉬어 가는 보름달

보름달이 대나무 허리에서
쉬어 가려 구름을 깔고 걸터앉는다

눈부시지 않은 빛은
날이 선 칼날처럼
대나무 숲 속 어둠을 잘라낸다

대나무 잎 이불 덮고 자던 바람은
솨솨 눈을 비비고
죽엽주에 취한 듯 그림자 없이 울고 섰다.

비

비가 오네요
참 오랜만에

이렇게 비가 올 줄 알았더라면
오늘 아침은
좀더 일찍 일어날 걸 그랬어요

새벽에
빗소릴 들을 테면
세상이
그처럼 평화로울 수가 없거든요

비가 오네요
지금 들리나요
저 빗소리가

혹시
잠 속에 있진 않겠죠

제가 아는 당신은
지금쯤
창 밖을 너머
보이지 않는 미지의 세계로
여행을 하고 있을 것 같아요
입가에 옅은 미소를 띄고 말이예요

아참
G선상의 아리아는 틀어 놓았나요

당신은 언제나
당신은 언제나
그랬죠
비가 오는 날이면
창가에 서서
제가 갈 수 없는 나라로 여행했고
그 연주곡을 꼭 들었죠

저는 지금
창문 흔들리는 소리에
그대를 떠올리고
당신이 있는 곳으로
여행을 떠난답니다
빗소리가 주는 아리아를 들으며 말이에요

비가 오네요
이젠
제 마음속에도

아름다워요.

불면증

어제의 어둠은 나에게 무엇으로 왔기에
뜬눈으로 밤을 지새웠을까
詩가 되려다 버려진 글자들의 아픔이 왔을까
늙어 버린 내 나이로 왔을까
무작정 내가 보고 싶다고
투정하는 당신을 대신해서 왔을까

어둠의 구애를 외면한
싱싱한 분침分針 소리
나 대신
팔베개를 베고 자고 간
어제의 어둠은
아마도 오늘의 아침이겠지.

어둠의 연가

석동의 유흥가에서
음력 구월 구일 짙은 어둠은
별빛 대신 불빛을 찍어 연서戀書를 쓴다
반짝반짝

거친 어둠 속에 고된 경적은 웃음인 양 피어나고
엇갈린 인연 같은 술병은 술잔에 마음을 덜어 비우고
향기 없는 詩語는 전어회 한 접시 속에서 뒹군다

살냄새에 취하고 싶은 건
몸이 아니라 맘이건만
빈 지갑 같은 웃음 속에서
어수룩한 조명을 붙여 잡고 흐느적거린다

이 골목
저 골목에서 어둠이 되지 못한 자투리
웃다가 남은 울음 되어 노숙자의 이불인 양 구겨진다.

해바라기

원래는 붉은 꽃잎이였을 거야

당신만
그리워하다
그리워하다
심장이 까맣게 타 버려

노란빛으로 물들어 버린 걸 거야.

어떤 이별

꽃잎과 뿌리는 하나인 줄 알았는데

분리될 수 없는 존재인 줄 알았는데

영원히 하나인 줄 알았는데

바닥에 뒹. 굴. 며 나무를 본다

흩어지는 향기는 누구의 것인가.

기대

달이 떠 있는
강물 같은
당신 가슴에
내가 풍덩 빠지니

달은 없어지고
강물은 말라버리고
나만 가득 찼네.

로또 복권

별을 사랑한 죄

숨 막히는 그리움
끝없이 솟아나는 눈물

밤새
살갗이 문드러지고
가슴이 녹아내리고

아침에는 눈까지 멀어도
그 품에서 벗어나지 못하고

말라버린 목구멍으로 꺼억꺼억 타고 오는
나의 욕심

뱉어내고
닦아내어도….

카드로 사는 가을

왔다 갔다고 하는 가을은
재래시장에서
빨간 내복과 함께 뒹굴며 겨울 채비를 하고

바겐세일 하는 백화점 명품코너에선
가방 메고 모자 쓰고
6개월 무이자 할부 우수고객 우대라는 이름표를 달았네

세상이 야릇해서
가진 자는 가을이 있는데
가난한 자는 가을도 겨울이네

이러다 나이도 백화점에서
사서 먹게 되는 게 아닐까
당연히 카드로 쫙 긁어
일시불이든
12개월 할부든
그래서 연말에 세금공제도 받고.

가을에는 냄새가 있다

가을에는 냄새가 있다
잊혀진 것들이 향기 되어
가슴에서 배어난다

가을 속에 들뜬 마음
뜬구름이 싣고
추억된 그리움 따라
냄새가 짙어질수록 생각이 깊어진다

이때만 되면
눈물을 참고 소리만 지르며 울어대는
풀벌레들의 하소연
얇은 눈꺼풀
바람이 슬쩍 건드려 볼을 적시는
내 눈물로 대신해주며
어디론가 떠나고 싶어진다

이런 가을날의 하루는
'가을의 속삭임'
색소폰 연주로 물든 노을빛에
갈대밭에서 서걱대며
그림자로 길게 꼬리 달고
인사도 없이 떠나간다.

가을 햇살은 하늘이 주는 보약

가을은
미움의 방을 지키는 무쇠 같은 자물통을 비단 옷고름
풀리듯 스르르 풀어내는 아름다운 횡포인 것 같다

가을은 삶이 메말라 있는 정신과 육체에 고단백 저칼
로리 같은 영양제 같다

가을은 경화역 벚나무 터널의 단풍 속살로 눈길을 빼
앗아 간다
가을은 병암동 뒷산의 벚나무 단풍 향기로 내 발목을
잡는다

안민고개에 물들어 있는 단풍은 새색시 한복처럼 노란
저고리 붉은 치마처럼 살포시 앉은 자태로 고고하다
멀고도 가까운 거리에 살고 있는 병암동 주민들은 유
명산의 단풍보다 더 곱게 든 가을 산을 앉아서 구경하
고 있음이 행복하리라

지금 107번 버스를 타고 병암동 입구에 도착하면 경화역에서 남중학교까지의 단풍은 절경 중의 절경이다
벚나무가 터널을 만들어 꽃이 피면 꽃 터널이 되고 지금은 단풍이 들어 마음을 빼앗겨도 아깝지 않을 것이다

불붙는 단풍이 있다고 하더니 이를 두고 하는 말 감탄이 저절로 나온다.

가을 햇살은 하늘이 주는 보약이라고 하니 잠시 틈을 내어 오늘 아니 지금의 단풍이 더 붉고 더 향기로우니 구경오세요.

기찻길 옆 텃밭

탱자나무 가시는
호박 넝쿨 목걸이로 멋을 내고
하얀 꽃잎에서 영근 탱자
기억 더듬어 익는 향기를 다듬네

짧은 치마 상치는
저녁놀 붉은 연지
두 볼에 찍고
고춧대에 기대서니
눈치 빠른 한 녀석이 얼굴을 붉히니 줄줄이 붉히네

레이스 단 도라지꽃은
왕자님 사랑을 까치발로 기다리고
고추잠자리는 이불 속 사랑을
깨 꽃잎 위에서 나누고
눈치 없는 나팔꽃은
담 너머와 늦잠 자는 박꽃까지 깨우네.

5

바람

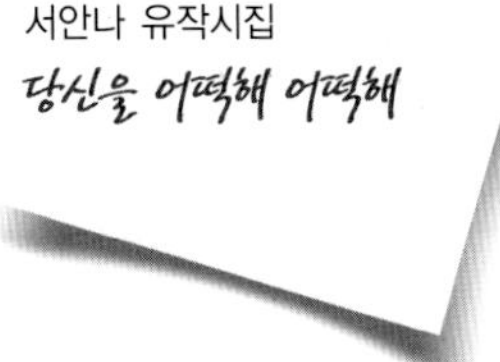

바람

쓸쓸하고 외로울 때
창 너머 있는 미소가 되지 않기를

보고 싶어지면
그리워지면
손짓하지 않아도 느낄 수 있기를

아픔보다
슬픔보다
먼저가 될 수 있기를

사랑보다 더 뜨거운 가슴을 지닌 너를
오로지 한 사람만 기억하는
영원보다 더 먼 그때에도 함께하는 우리였으면

그리움 1

잠이 오지 않은 밤에
더 강한 것이 있네

꽉 찬 달을 안으며
가슴을 비워야 하는 날에
더 강한 것이 있네

드러내지 않고 다 태워야 하기에
더 강한 것이 있네.

그리움 2

꼭 그렇게 해야만 했을까
너무
급하게 돌아선 건 아닐까

그림자도
이미 사.라.지.고 없을 건데

아직도
보내지 못하고 갈색 의자에 앉혀 놓은 목소리

입맛을 다셔도
젖어오는 눈을 껌벅거려도
양이 차지 않은 후회.

홍시

얼마나 타올랐기에

얼마나 열망했기에

뼈는 바싹 마르고

속살은 문드러지고

살갗은 터지듯 찢겨져 열망은 흐르고

슬픔은 메마른 탯줄을 붙잡고 있네.

바보 치료 약

저더러 바보라고 했습니까
왕 바보라 했습니까
당신을 만난 후 생긴 증상입니다

이 고약한 증세로 인해
생각이 닫히고
가슴이 답답하고
의욕이 없는 건 둘째 치더라도
생각에 힘이 빠져 어떤 생각조차 하기 어렵습니다

이런 나를 보고
주위에선
여행이라도 다녀오라고 합니다
세상이 주는 명약이 어디 있겠습니까
그대의 사랑 외에는 그 어떤 약도
치유되지 않습니다.

어디입니까

찬바람이 붑니다
내 가슴에
눈물겹도록 서러운 이런 밤이면
더욱 그렇습니다

모두들 떠나간
홀로인 이 거리에
어둠이 찾아왔습니다
나는 이럴 때면
늘 그랬듯이
울고 싶어집니다

세상은 아무 잃은 것 없으면서
잃었다는 사람들과
아무 얻은 것 없으면서
얻었다는 사람들로 가득합니다

싫습니다
울고 싶습니다
정말 울고 싶습니다

여기가 어디입니까
또 가는 곳은 어디입니까
찬바람이 붑니다
내 가슴에.

아름다운 나무

이런 것이 다 나이를 먹는 증거인지 모르겠습니다만
요즘 들어 나무가 아름답게 보입니다

나무는 혼자 서 있어도 외롭지 않고 서넛이 어울려 서면 아름답고 여럿이 모이면 든든합니다
혼자 있든 같이 있든 비가 오든 눈이 오든 바람이 불든 마당에 있든 언덕에 있든 벼랑에 있든 어색 어색함이 없습니다
곧게 자란 것은 곧게 자란 것대로 굽은 것은 굽은 것대로 자연스러움의 극치는 나무가 아닐까 싶습니다

나무 중에서도 새삼 아름답게 여겨지는것이 자작나무입니다
눈처럼 하얀 껍질이 벗어지면서 시원스럽게 키가 뻗어
서양에서는
숲속의 여왕으로 대접을 받는 나무이지요
대개는 깊은 산 양지쪽에서 자라지만 나무껍질이 아름다워 정원수나 가로수 혹은 조림수로도 싫습니다
목재는 가구를 만드는 데 쓰며 한방에서는 나무껍질을

백화피라 하여 이뇨 진통 해열에 쓴다고 하니 이래저래 미덕을 많이 가진 나무입니다

자작나무 껍질은 종이처럼 얇게 벗겨지는데 불에 잘 타면서도 습기에 강하며 천 년이 지나도 썩지를 않기 때문에 쓸모가 많습니다 열 장에서 열두 상 정도의 얇은 껍질은 한 장씩 벗겨내어 글을 쓰거나 그림을 그리는 데도 썼다고 합니다

껍질에는 부패를 막는 성분이 들어 있어서 좀도 슬지 않고 곰팡이도 피지 않는다고 합니다
그래서 그랬겠지요 천마총에서 출토된 그림의 재료가 자작나무 껍질이며 팔만대장경도 이 나무로 만들어졌다고 합니다

자작나무 껍질은 물에 젖어도 불이 잘 붙으므로 불쏘시개로 중요하게 쓰입니다
물에 흠뻑 젖은 것도 성냥불을 갖다 대면 즉시 불이 붙어 산속에서 야영을 하는 사람들이 알아두면 좋을 아

주 유용한 상식이라 합니다

자작나무가 새삼 아름답게 여겨지는 것은 겨울 초입에 보게 되는 그 잎새 때문입니다
물론 이파리들이 함성을 지르듯 돋아나는 봄철 때도 그랬습니다
앞뒷산 많은 나무들이 다투듯 잎을 낼 때 자작나무는 슬며시 자란 잎새를 수줍게 낼 뿐이었습니다
그러면서 긴긴 여름 괜한 아픔처럼 허물을 벗으며 보내지요

가을이 되면 나무마다 뽐내듯 진한 단풍이 들고 그러다가 찬바람이 불기 시작하면 우수수 잎새들이 떨어져 내립니다
잎이 필 때 그러했듯 지는 것도 한순간입니다
그렇게 무성한 잎새들 무심히 지고 나무마다 허전한 빈가지로 하늘이 휑할 때 다 그럴 순 없다는 듯 끝까지 잎새를 지키고 선 것은 자작입니다
덩달아 떠나고 싶지는 않다는 듯 허락한 시간 끝까지

지키고 싶다는 듯 끝까지 잎새를 지키고 선 것이 자작입니다
덩달아 떠나고 싶지는 않다는 듯 허락한 시간 끝까지 지키고 싶다는 듯 끝까지 남은 잎새들이 찬바람을 견딥니다
그러다가 흰눈이라도 내릴 즈음 지워지듯 슬며시 자취를 감추게 되지요

그 작고 안쓰러운 모습에 눈길이 갑니다
끝까지 남는 작은 잎새들은 꽃 만큼 아름다운데 내가 보잘것없다는 걸 내가 잘 안다는 듯 자작은 여전히 작은 몸짓으로 흔들릴 뿐입니다

요란한 것 모두 떠난 자리에 작은 몸짓으로 남아 끝내 아름다움 지키는 것 드문 세상이기에……

커피

뜨거워지기 위해서 일까
부드러워지기 위해서 일까
녹기 위해서 일까
격렬하게 몸을 섞는 너는
내 그리움의 방부제

그리고

준비하게 하네
뜨거운 고백 하나를.

하나 되기 위하여

눈물을 흘리며 태어났습니다
슬퍼서가 아니라
살기 위해
호흡하기 위해서

눈물을 흘리며 살았습니다
힘들어서가 아니라
하나 되기 위해
침묵해야 했기 때문에

눈물을 흘리며 살고 싶습니다
침묵도 호흡도
하나가 되었기에
기쁨의 눈물을….

청이 하나 있습니다

우리 죽어
한 몸으로 태어나자
이쪽에서 너를 바라보고
저쪽에서 나를 바라보는
애절함 다시는 안하고 싶다

우리 죽어
물로 태어나자
다른 곳으로 흘러가지도 말고
한곳에서 머물다 머물다
썩어 어디에라도 흔적 남기지 말자

우리 죽어
다시 태어나면
이승에서 못다 태운 사랑
뿌리까지 다 태워버리게
불로 태어나자

그래서

어디선가 본 듯한 얼굴로도 남지 말고

너 있어야 나 살 수 있고

나 있어야 너 태어날 수 있는

처음도

끝도

하나이자

죽어 만나자는 약속 같은 것 하지 말자

맹세 같은 것 하지 말자.

존재하지 않는 질문

'나는' 이라는 말에

당신은 '우리' 라고 했습니다

그러면

우리 사이에 이런 질문은 존재하지 않습니다

사랑해?

희망과 불안

당신은 아는가,
당신의 그림자조차 보이지 않은
무거운 문을 살며시 닫고 나서면
어둠처럼 주저앉아 그냥 있다는 사실을

당신은 아는가
당신이기에
당신이기를 간절히 기도하는 내 마음을

당신은 아는가
당신 따라나서지 못하고
만.지.작 거리는 문고리 같은 내 마음을

당신은 아는가
겁 없이 바라는 나
아낌없이 주는 당신
그리하여 하나가 완성된다는 것을.

사랑의 감옥

문단속 잘하고 있어
문은 항상 잠가 놓고 있어
전화 연락 없이 노크하면 문 열어 주지마
아무리 바쁘더라도 전화는 해
통화할 시간이 안될 것 같으면 신호만 넣어 줘
남자들 앞에서 웃지 말고
모임에는 바지와 긴치마 입고
너는 내 자존심이야
테두리를 치고 또 친다

나는 당신 사랑에 갇혀 살고
당신은 세상 사람들에게 갇혀 살고

나는 테두리 없는 당신사랑에 행복하고
당신은 세상 테두리에서
출구를 찾아 헤맨다.

기도

나를 위해서
당신이 닦아줍니다

당신이기에
행복에 겨워 달콤해지는

살아 있음의 증거
마지막 한숨보다
더
마지막이 되고픈 한 방울.

마른 꽃

어느 계절에 피는지
어떤 향기를 지녔는지
알 수 없는
색깔 짙은 마른 꽃묶음을
당신이 사는 곳이라 하여
꽂아 두었네

數週가 지나도 푸른 잎은 푸르고
붉은 잎은 그대로 붉으니
변함이 없고
이별도 없는 곳이
여기가 아닌가 싶네.

雪인지 雨인지

바람기 없는 날
주저하듯 느린 걸음으로 내리는 눈은
눈물처럼 쓸쓸하다
소리 없는 절규
빈 가슴을 더욱 차갑게 채우며
추적추적 쌓여간다
쌓이고 쌓인 자리마다
발자국 찍듯 그리움 찍어 볼
너, 그대라는 존재가 곁에 있으면 좋겠다.

한 사내

한 사내가 세 발로 걷고 있다
툭툭 내지르는 짧은 소리는
앞서 달리면서도
언제나
뒤돌아보며 검은 안경에 부딪친다

어떤 것의 소리에도
주눅 든 걸음이
손 브레이크를 건다.

나눔의 터전

사람 모여 있는 곳에
가난을 삼키는 노래가 있더라

어지러운 세상 굴러가는 곳에
슬픔 이기는 노래 있더라

아픈 세상 덜어내는
망각의 노래도 있더라

보여진 것들이 힘들어
손을 잡고 보니
내 마음 상처가 아물고 있더라

사랑은 반쪽이라도
또 나누면서 살아야함이
나누어 보니 반이 돌아와
하나가 되더라.

그래서 더 좋은 우물 맛

한낮의 하늘이 우물 속으로 내려와 목욕을 하네
구멍난 두레박으로 하늘을 퍼내고 퍼내어도
한결같은 양으로 고요하네

밤이 되니
별님도
달님도
구름 옷 벗어 놓고 우물 속으로 살며시 내려앉네.

지독한 사랑

– 파리의 연인을 본 후

우리는 서로 사랑합니다
누구에게 드러낼 수 없는 사랑을 합니다
묻어 두어야 더 빛나는 사랑을 둘이서 합니다
그 누구도 대신할 수 없는 사랑
비교될 수 없는 사랑
누구의 빈자리를 채워주는 그런 시랑이 아닙니다
많은 사람 중에 한 사람이 아닌
오로지 한 사람뿐인 서로이기에
미치도록 사랑합니다
그래서 서로의 가슴은 잿더미가 되었습니다.

精

사랑보다
더 예쁘고

사랑보다
더 단단한

사랑보다
더 슬픈 것

사랑은 재가 되더라도

그대로 남는 것.

6

달빛 타는 그네

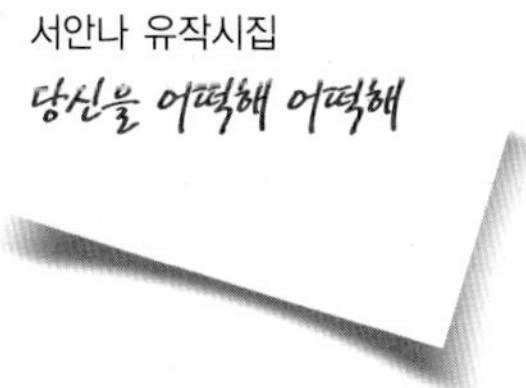

달빛 타는 그네

푸른 달빛이 그네에 오르니
어두운 바람이 등을 밀어
삐걱삐걱 혼자 운다

모래 위 발자국에 담긴
아이들의 웃음을
별빛이 퍼내어
거미줄 왕관에 구슬로 달고

운동화로 매일 세수하는 미끄럼틀은
하얀 얼굴로 다가가
그림자랑 시소를 즐기네

양팔 벌려 어깨동무한 철봉은
밤하늘 날고 싶어
모래 신발 벗으려 오늘밤도
엉덩이를 쓱 내미네.

그녀의 약국

105번 버스가 지나가는 도로 옆
편한 미소를 지닌 그녀의 약국이 있습니다
약이라는 붉은 글자는 동백꽃 정열처럼 버티고 서
하얀 가운을 보호하고 있습니다

조심스럽게 약藥자를 밀고 들어서면
어서 오세요 라고 서울 사투리가 섞인
인사말을 한다
웃음은
아픔을 들고 조제실로 들어선다

딱딱딱 알약은 제각각 아침 점심 저녁 때를 맞춰진
집으로 들어간다
쿵하며 눌러 찍는 소리
약들의 효험은 갇히고 만다
여기 약 나왔습니다
저녁에 표시된 약은 꼭 저녁에 드십시오
그리고 맵고 짠 것 되도록 삼가 하세요
안녕히 가세요 라는 인사말을

다 듣지도 않고 길을 나서다 보니
인사말은 목에 걸린 알약처럼 문에 걸려 있다

105번 정류소에 내리는 동네사람들은 그분을
선생님이라 부른다
그분의 목소리는 언고처럼 부럽다.

공주병

나 더러
공주병이라고 하네
그것도 말기라고 하네
그래서
약사님께 정중히 부탁 드렸네
공주병 낫게 하는 약 달라고
약사님 근엄하게 말씀하시네
그 좋은 병을 왜 낫게 하려고
돈 주고도 못 사는 병이야

괜찮아!
공주병은
우리 나이에
이 시대를 살아가는
생활의 약이라고 하네

딱 맞는 처방이
나를 불치의 공주병으로 만드네.

혜돈이와 윤경이의 騷擾

착하고 스스로 공부 안 하기 총파업 돌입
우리는 청소년 사랑과 관심을 보장하라 보장하라
우리가 학원의 정규직이냐
부족한 잠시간
연장하라 연장하라
완벽한 욕심을 가장한 사랑
개선하라 개선하라.

찻잔

힘들어 하시는 아버지를
편하게 해 주는 차茶

차 한 잔의 여유를 즐기시는
어머니의
미각을 흥분시키는 차茶

여인들의 달콤한 속삭임을
더 달콤하게 해 주는 차茶

그런 차茶를 담는
찻 잔이고 싶어라.

아들 혜돈이 씀

채소 같은 글

내 가난한 책상은
한 폭 반 텃밭

내 아이들 싱싱한 웃음이 담긴 사진이 있고
예쁜 마누라 최면에 안주安住한
어깨동무한 사진은 언제나 속삭인다

내 작은 책상에서
텃밭의 채소 같은 글로
나물도 무치고
더러는 국도 끓어 즐긴다

그래서 더 좋은 우리 집.

윤경이를 닮은 꽃

장대 같은 빗줄기를 오롯이 맞으면서
꽃잎 떨군 줄장미를 칭칭 감고 힘내라 아우성이다

어딘가에
누군가에게 기대여야만 살아가는 나팔꽃

내 딸 윤경이를 닮은 것 같구나!

엄마로서
힘겨워 하면 입술에 꿀 같은 힘을 담아
하늘빛보다 더 고운 꽃을 피우네
여자로서
지쳐 서러울 때면 나를 칭칭 감고 돌아
분홍 사연을 담아 더 진한 분홍 꽃을 피우네

이젠 제법 크진 손이며
이마에 여드름
그리고 젖 몽우리
깨끗한 영혼

내 너를 닮을까
아니면 나팔꽃을 닮을까.

보고 싶은 미자야!

미자랑 갑선이는
앞뒤 집에 살았다우
미자가 갑선이보다
꼭 한 달 먼저 태어났지만
미자집은 갑선이 뒷집이었다우

일하는 해 60년대 겨울
미자가 먼저 으앙
덩달아 갑선이도 으앙
꼭 한 달 만이었다우

미자는 오빠나 언니가
돌봐 주었고
갑선이는 고모나 삼촌이
서로 돌봐 주려고 쟁탈전을 벌여
이긴 사람이 차지했다우

미자 오빠와 갑선이 삼촌은
겨울에 태어난 미자와 갑선이를

봄빛 따사로운 날
백일도 안 지난 둘을
대청마루에 눕혀 놓고
누가 빨리 뒤집나 시합도 시켰다우

미자의 엄마는 나이가 많아
생일도 깜박하고 지나치는데
갑선이 엄마가 귀띔해 주면
챙겨 주기도 했다우

미자는 언니 오빠의
영향으로 다부진 막내로 자랐고
갑선이는 그냥 순둥이로 자랐다우
싸움은 언제나 갑선이의
울음으로 끝났고
고무줄 뛰기도 언제나 미자가
이겨야 골목이 조용했다우

검정 고무신도 같이 신었고
하얀 고무신에 나비 한 마리
붙여진 고무신도 같이 신었고
마디미 5일장에서 사온
운동화로 바꿔 신을 때도
같이 신었다우

구두에 하얀 커버 양말을 신고
무거운 가방을 들고 다닐 때도
같이 자랐다우

그후 30년
비가 오고 바람이 부니
뭉클뭉클 떠오른다우
미자랑 갑선이는
태풍이 지나간 다음 날
제일 먼저 우물물이
얼마나 불었나 보았고
뒷마당에 떨어진 떫은 감을 주워

소금물을 풀어 아린 맛 빼내고
먹던 시절 문득문득 생각난다우

갑선이가 6개월 먼저 결혼을 했고
덩달아 미자도 훤칠 큰 키
미남 만나 결혼해 갔다우

둘 다 두 아이의 엄마로
마흔 살 중년 여인이 되었는데
단맛도 아니고 쓴맛도 아니고
맛있는 맛만 있던 어린 시절
미자랑 갑선이가 먹던 감처럼
지금도 맛있는 맛처럼
잘 살고 있겠지?

세상과 세월이 주는
아픔과 슬픔은
소금물에 아린 맛
빼서 내듯 빼내고

맛있는 맛만 찾는 비법을
우리 알고 있다

그치, 미자야!
언제나 맛있게 잘 살고 있지?
보고 싶다. 미자야!

보름달

어머니
세상의 시름 다 던져버리라고
세상의 따가운 눈총 다 벗어버리라고
박복한 딸년을 위한
당신의 창입니까.

어머니

우리 모두는 자궁이라는 완전한 둥지에서
행복과 사랑을 받아먹는 편안한 탯줄을 버리고
사람들이 만들어 놓은 세상이라는 것을 만났습니다

주기만 하는 어머니의 완벽한 사랑으로
우리는 딸이 되고 아들이 되었습니다

입 속에 든 밥 씹으며 새벽녘 길 나서
팔판산 풋나무해서 우리의 겨울을 따시게 해 주셨고
남자 형제 없어
어린 시절부터 밭농사 논농사 가리지 않고 지어
가냘픈 손은 남자 손이 되었다며
지금도 허리춤에 감추고 싶다는 어머니의 손은
나의 어떤 아픔도 다독여 주시는 약손이였습니다

어머니
흘러가는 세월은 우리를 완성시키는 것이 아니였습니다

열심히 번 돈이 대신 아파 줄 것 같았지만
결국 노쇠하게 만들었고
나를 지독히 따라다니던 그림자조차 나의 실수에 배신을
맛보게 하였습니다

이 세상 제일 좋은 보약은 밥 많이 먹고
한 잠 푹 자고 나면 다 낫는다는
어머니의 말씀은 나이 들어감으로써
더 명약이 되어 줍니다.

제목 없음

굳이 비가 내리지 않더라도
내 맘속에 비가 내리는 날이 있다

그러는 날은 맘을 달래는 노래를 찾게 된다
엘피(LP)판의 지직거리는 잡음과 함께하는
낡은 목소리는 더 많은 것을 안겨 준다

작고한 김현식씨의 목소리를 샘플링해서 듀엣처럼 부른 '비처럼 음악처럼' 은 세상을 떠난 분과 이 세상에 남겨진 나와
대화를 하는 착각에 빠져들게 만드는 것이 묘한 기분 마저 들었다

죽은 자의 영롱한 목소리가 산 자의 여린 귓속을 파고들 때 시간을 거슬러
두 세계의 경계를 뛰어넘어 울리는 공기의 떨림은 기이한 공간감을 빚었다

목소리는 몸에서 가장 늦게 늙는 부분 중 하나다 목소리

는 세월의 풍화를 겪어내고도
가장 길게 살아남는 경우가 많은 것 같다

그리스 신화에서 나르시스에 대한 요정 에코의 사랑은 받아들여지지 못해
상심한 에코가 슬픔으로 점점 야위어가다가 결국 남게 된 것은 오로지 목소리뿐이었습니다

눈은 자주 속지만 귀는 훨씬 더 진실에 가까운 경우가 많습니다.
그때 목소리는 종종 정체성이나 본질 자체를 상징하기까지 하지요
궁전에서 목소리만 들리는 하인들 시중을 받던 프시케는 밤마다 찾아오는 연인 쿠피드의 모습은 보지 못하고 목소리만 들으면서도 지극한 사랑을 나누지요
시기에 찬 언니들의 꾐에 빠져 목소리만으로 만족하지 못하고 등불로 큐피드 얼굴을 비추게 된 순간 그 사랑은 포말로 부서지고 맙니다
인어공주가 인간이 되는 대가로 마녀에게 목소리를 줬

다는 부분도 마찬가지입니다
이후 왕자에게 자기 존재를 제대로 알리지 못하게 되는 인어공주는 그때 스스로 정체성 자체를 상실한 셈이니까요

세월은 자기 나이랑 같은 속도로 달린다는 우스갯소리가 있습니다
가장 추상적일 것 같은 음악이 섬약한 목소리가 지금 이 순간 생생히 손에 쥐어집니다.

노자 26장 길과 얻음을 읽고

무거운 것은
가벼운 것의 뿌리가 되고
안정한 것은
조급한 것의 머리가 된다

그러므로 성스러운 사람은
종일 걸어다녀도
무거운 짐을 내려 놓지 않고

비록 영화로운 모습이 보이더라도
한가로이 처하며
마음을 두지 않는다

어찌 일만 수레의 주인으로서
하늘 아래 그 몸을
가벼이 굴릴 수 있으리요?

가벼이 하면 그 뿌리를 잃고
조급히 하면 그 머리를 잃는다.

일요일 아침 나는 야호가 된다

늦잠 자는 일요일 아침
세상에서 제일 무거운 눈꺼풀에
이기지 못하는 나를 얄밉게 가여워
이불 다독여 주고는
빨간 양말에
빨간 조끼 입고
혼자 길 나선다

아침 햇살이 창문을 닦을 즘
벨이 울린다
집에 있는 야호를 산에서 찾는 소리
야호! 야호!
나는 야호가 된다.

예쁜아 전화 받아

잡념에 빠져

휴대폰을 들고 길을 걷습니다
그대 생각을 하고 걷습니다
전화가 왔었나 봅니다
여러 번
전화기가 울렸나 봅니다
한참을

울리다 울리다 허리가 휠 것 같았나 봅니다

툭 칩니다
야~ 예쁜아
전화 받아

요즘 전화기는 사람을 치기도 하네요
좋은 세상인지 무서운 세상인지.

엘리베이터의 비명

엘리베이터의 철끈은
분명 하기 싫은 일을 한다

어둡고 긴 통로 속에서
노예처럼 살면서
헉 헉 내 쉬는 숨소리가
울음 섞인 비명처럼 들린다

이른 새벽
늦잠을 자고 싶을 때
억지로 일깨워 놓으면
뚝
뚝
뚝
겁을 주는 것이
늙은 마누라 잔소리처럼
구시렁 구시렁거린다.

이유 없이

해군 아저씨 퇴근 시간쯤
중앙시장 어느 모퉁이에서
돼지국밥을 먹고 싶다

안개비가 내리면
안민고개 매점에서 뜨거운 어묵 국물과 삶은 달걀을
먹고 싶다

숭어 떼가 장천 부둣가에 몰려오면
숭어회 한 접시를 좌판에 놓고 소주잔을 기우리면
자근자근 이야기 나누고 싶다

술기운이 돈다며 그대 어깨에 기대어
별들의 노니는 밤바다를 처음 보듯이
그대 앞에서 즐기고 싶다

이유가 없어도
하루쯤은….

시골장터에서

황금 들녘 털어 농부 마음에 담고
텃밭의 금전 팔아 돈사
섣달 전에 막내딸 시집을 보낸다네

새치골 언덕에
처서 지나 심은 배추
울 할멈 금가락지 마련에
속살을 채우고 있다 하네

새댁 새댁
누런 호박 한 덩이 갈아 주이소
죽도 맨들고 떡도 맨들어 묵어요

굵은 마디를 넘어온 헐거운 은가락지는
떨이를 외쳐 손님을 부르고

혼자 집 지키는 석류는
어둠이 무서워
입을 딱 벌려 보석 같은 빛을 내고

절터 앞 심은
단 고구마는
동짓달 지나
울 영감 틀니 장만을 위해 단맛이 들고 있다네.

좋은 생각

우리는 이름을 붙임으로써
어떤 것을 만들거나
존재하게 합니다
그러나 이름 붙이는 일보다
더 아름다운 것은
이름을 부르는 것입니다
이름을 부르는 것은
그가 있음을 기뻐하며
그에게 내 마음을 준다는 의미입니다
나는 누구를 부를 때마다
이 생각을 할 것입니다

사랑한다는 것은
상대방을 돌아보거나
나를 드러냄으로써
서로를 알아 가는 것이 아닙니다

변화와 불확실의
소용돌이에서도
처음 그 자리 그 마음으로
묵묵히 곁에 있는 것입니다
나는 누구의 사랑이 되어
불안을 덜어 줄까요?

까치가 울었나?

기분 좋은 소식

보고 싶다는 말보다
그리워했다는 말보다
이 사람아!
여태 어디서 어떻게 살았는지 궁금했다고

나이를 세어보면서
기분 좋은 아픔을 즐기고
중년이 되었을 지금의 삶에 안부를 물어주고
그 소식은 가슴속으로 안고
서로가 공유하는 기억이
방황하는 눈물 되어
세월 속의 작은 세상 되어 편안함을 준다고 합니다.

위로도 못하는 바보

그래 위로慰勞는
꼭 위로 만큼만 해
덜도 더도 아닌
흘러넘쳐 더듬는 추한 모습 보이지 말고

올 듯 말 듯한 적당한 거리에서
지켜만 보면서
코 닿을 곳에 있다면서

그러나
넘어져야 코 닿는 거리인 줄은 모르는구나

넌 언제나
넘치지 않는 위로장이.

당신을 어떡해 어떡해

초판 1쇄 2018년 4월 10일
초판 2쇄 2018년 5월 23일

지은이 서안나
펴낸이 박철수
펴낸곳 도서출판 해암

등록번호 제325-2001-000007호
주소 부산시 중구 백산길 17 삼성빌딩 702호
전화 051)254-2260, 2261
팩스 051)246-1895
메일 haeambook@daum.net

ISBN 978-89-6649-138-4 03810

값 15,000원

*이 도서의 국립중앙도서관 출판예정도서목록(CIP)은 서지정보유통지원시스템 홈페이지 (http://seoji.nl.go.kr)와 국가자료공동목록시스템(http://www.nl.go.kr/kolisnet)에서 이용하실 수 있습니다. (CIP제어번호 : CIP2018010635)